AF438297

L'AGRICULTURE

ET

LES ÉLECTIONS

PAR

Charles GOSSIN

Professeur d'agriculture

PARIS

SOCIÉTÉ ANONYME DE PUBLICATIONS PÉRIODIQUES

13, quai Voltaire, 13

1885

L'AGRICULTURE

ET

LES ÉLECTIONS

PAR

Charles GOSSIN

Professeur d'agriculture

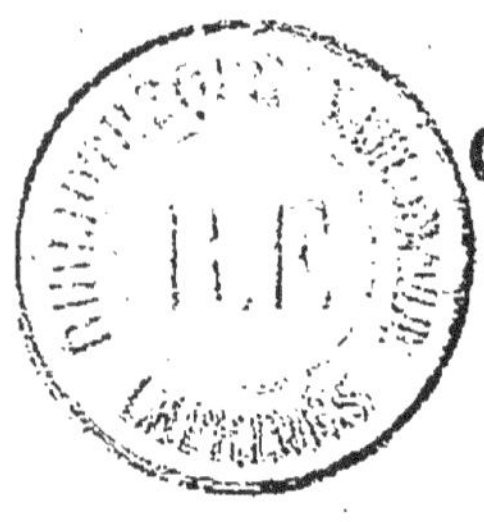

PARIS

SOCIÉTÉ ANONYME DE PUBLICATIONS PÉRIODIQUES

13, quai Voltaire, 13

1885

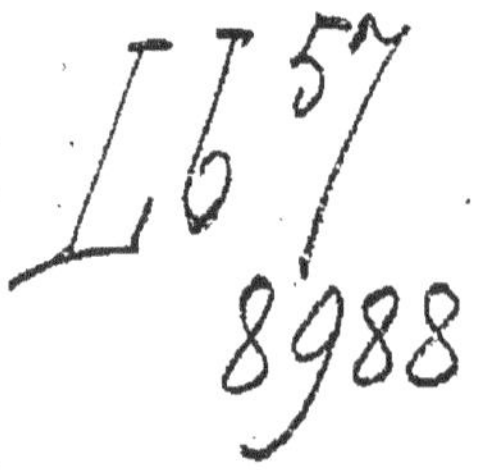

L'AGRICULTURE

ET

LES ÉLECTIONS

L'agriculture souffre, cela est incontesta-
ble. Je sais bien qu'il a été de mode dans le
clan opportuniste de nier la crise agricole.
A peine daignait-on, à une certaine époque,
reconnaître un malaise passager et bénin,
disait-on, dû à l'intempérie des saisons.

*« Que le ciel nous gratifie seulement pendant
quelques semaines d'une bonne température,*
disait l'illustre Tirard, *et nous verrons la
prospérité agricole remonter avec le baromè-
tre ! »*

Puis, à mesure que la date fatidique des
élections approchait, on a compris la néces-

sité de cesser ces plaisanteries par trop grotesques, et on a cru utile et opportun d'apporter quelqu'attention à l'état de la malade.

M. Méline, ministre de l'agriculture, a donné le signal :

« La France, écrivait-il le 14 avril 1884, traverse une crise agricole des plus douloureuses, qui l'atteint dans les sources mêmes de sa richesse et qui réagit profondément sur l'état des finances du pays. »

Le mal est donc très grave, mais, grâce à Dieu, il n'est pas sans remède.

Loin de se laisser abattre par le découragement et par le désespoir, l'agriculture relève la tête aujourd'hui. Car ce remède, qui doit lui rendre la santé, la vie, la prospérité, elle l'a trouvé, elle le tient.

∾

Jusqu'ici, le cultivateur, tout entier au labeur des champs, est resté étranger aux affaires de la politique. Ce qu'il cherche, avant tout, c'est la tranquillité ; ce qu'il demande, c'est la possibilité de vivre, d'améliorer son petit domaine, et de gagner de quoi payer le propriétaire et élever modestement sa famille.

Il n'aime ni les révolutions, ni les changements. Aussi est-il **conservateur**, dans la véritable acception du mot ; conservateur de ce qui existe. Il écoute volontiers les conseils et les instructions de M. le préfet et de ses agents. M. le sous préfet est toujours le bienvenu dans la commune. Le député agréable au Gouvernement est son homme. Il est si gentil, *notre* député ! si aimable ! toujours le sourire aux lèvres, la bouche en cœur, la poignée de main facile, et avec cela beau parleur ! Et puis il donne ou, plutôt il fait donner par l'Etat des drapeaux aux pompiers et des livres à la bibliothèque.

Quand le mandat de *notre* député est expiré, c'est sans hésitation qu'on le lui renouvelle. Autant lui qu'un autre !

N'est-ce pas ainsi que cela se passe au village ? Pas de politique, mais, en revanche, du travail, beaucoup de travail.

Les choses ont ainsi marché pendant longtemps ; les révolutions se sont succédé, renversant les trônes, culbutant les ministres, changeant les gouvernements, remplissant les villes d'agitation et de bruit.

Le laboureur, lui, restait impassible à sa charrue; rien de tout cela ne l'émouvait, et toujours il soutenait par ses votes le gouvernement du lendemain, comme il avait soutenu le gouvernement de la veille.

Oh! les bonnes et faciles majorités rurales pour les candidats officiels !

Mais voilà que, tout à coup, la campagne, jusque-là si docile, se regimbe et montre les dents.

Qu'est-il donc arrivé? Il est arrivé que les impôts ont augmenté d'une façon effrayante ; que les centimes additionnels communaux, départementaux, ordinaires et extraordinaires, ont dépassé le principal déjà si lourd ; que la liberté du père de famille a été atteinte en même temps que la liberté de conscience ; que les ouvriers ruraux quittent les champs et que les bras font de plus en plus défaut pour les travaux les plus pressants; que les expéditions lointaines de Tunis, du Ton-

kin, de Madagascar font couler le sang des
enfants du village ; que les ministres ont
menti effrontément à la tribune et ont violé
la Constitution en faisant une guerre qui n'a-
vait point été déclarée par les représentants
de la nation ; que les produits de l'étranger,
favorisés par des tarifs de transport spéciaux,
sont venus encombrer notre marché et que
le laboureur se voit forcé de vendre à vil prix
ce qui lui a coûté beaucoup d'argent et beaucoup de labeur. Il arrive que la culture du
blé deviendra impossible en France; que le
cultivateur français est à la veille d'être con-
traint d'y renoncer, comme il a déjà renoncé
aux cultures du lin, du colza, de la betterave
en beaucoup d'endroits et presque partout à
l'élevage du mouton. Il arrive que la terre
perd tous les jours de sa valeur ; que la
bourse se vide. Il arrive, en un mot, que la
misère et la ruine sont partout.

Et alors, le laboureur se prend à réfléchir
et il dit :

— Si je ne gagne rien, si je me ruine, ce
n'est pourtant pas faute de travailler. Je peine
tant que je puis, et il y a longtemps que,

quittant l'ornière de la routine, je marche dans la voie du progrès. Cultures industrielles, spéculations herbagères, j'ai tout essayé et rien ne me réussit, pas plus qu'à mon voisin.

La situation ne peut se prolonger ; les frais de production augmentent, les prix de vente diminuent et les impôts croissent, croissent tous les jours à tel point qu'ils atteignent, si je sais bien compter, le tiers de mon revenu.

Et pourquoi donc le Gouvernement, qui nous doit aide et protection, nous laisse-t-il écraser par l'étranger? Pourquoi nous écrase-t-il lui-même, nous pressure-t-il par ces impôts de toutes sortes ? Pourquoi ces dépenses, ces chemins de fer inutiles auxquels travaillent des milliers d'ouvriers italiens et belges ?... Pourquoi ne pas se rendre à nos désirs, à nos supplications? Est-ce que nous lui avons marchandé notre appui, notre confiance, nos votes ?

Sans doute, à nos réclamations on répondait par des promesses. Oh! elles n'ont pas manqué les promesses! Mais les actes ont fait défaut. Et dire que notre député, qui nous flattait si gentiment lors de ses visites au village et au comice, n'a cessé d'encourager par ses votes cette politique de mensonges, de prodigalités, d'aventures, de tripotages financiers et de ruines !

Que Dieu me garde de me laisser prendre de nouveau à ses belles paroles et à celles de ses compères ou plutôt de ses complices ! Quand un serviteur trompe ma confiance, je le mets à la porte. Ainsi sera-t-il, lors des élections, de ceux qui n'ont cessé de nous jouer depuis quatre ans.

Le laboureur a raison, il a mille fois raison.

La véritable cause de la crise agricole, c'est la politique néfaste de Ferry et Cᵉ, dont les députés opportunistes ont été, il faut le reconnaître, les humbles serviteurs.

Il n'y a qu'un remède à cette crise terrible, c'est de rendre impossible le retour de cette politique et de ses partisans.

C'est de refuser tout suffrage aux hommes qui ne rompent pas absolument avec cette politique Ferry.

Oui, c'est à droite qu'est le salut. Les représentants de la droite n'ont-ils pas cessé, pendant les quatres années de la dernière législature, de réclamer en faveur de l'agriculture des mesures véritablement protectrices et des dégrèvements sérieux ? N'ont-ils pas cessé de protester de toutes leurs forces contre les criminelles folies de Tunisie et du Tonkin ?

Ne se sont-ils pas élevés énergiquement contre l'exagération des dépenses publiques, et n'ont-ils pas, notamment, déposé une proposition de loi sur les réformes et sur les économies à introduire dans les budgets ? Qu'est devenue cette proposition de loi présentée par les députés de la droite ? La majorité n'a eu garde de la mettre au jour et de la discuter.

Le paysan sait tout cela, et voilà pourquoi, lui, jusqu'ici si calme, si facile à manier au moment des élections par les candidats officiels et agréables au Gouvernement, leur témoigne aujourd'hui une grande défiance. Elle n'est que trop justifiée.

En vain les candidats opportunistes du centre gauche prennent-ils des airs de bons apôtres, rédigent-ils de beaux programmes, promettent-ils monts et merveilles.

Qu'est ce que tout cela? Des mots, rien que des mots. Ne les a-t-on pas vus à l'œuvre?

Qu'ont-ils fait ces beaux parleurs de la majorité opportuniste? Ils nous avaient promis la prospérité et ils nous ont apporté le déficit et la ruine.

Et ils ont l'audace de dire que la France n'a jamais été aussi riche! Insensés, nous prenez-vous donc pour des idiots? Comment espérez-vous persuader à un homme qui n'a pas le sou qu'il regorge de richesses, à un moribond qu'il est en bonne santé?

On nous calomnie, disent les candidats opportunistes, en prétendant que nous n'avons rien fait pour l'agriculture. A-t-on déjà oublié nos votes de l'année dernière en faveur du droit de 3 fr. sur les blés étrangers? A cela nous répondrons :

1° Vous savez et vous saviez que ce droit est insuffisant. L'agriculture réclamait des droits *compensateurs*, c'est-à-dire représentant exactement la somme d'impôts acquittée par les blés français. Or, à cause de votre prodigalité insensée et criminelle, il est certain que 100 kil. de blé français payent 5 fr. d'impôts ; c'était donc 5 fr. et non 3 fr. qu'il fallait voter, pour faire quelque chose de vraiment utile. Les députés de la droite vous l'ont assez dit et répété sur tous les tons.

2° La majorité, à laquelle vous avez eu le malheur d'appartenir, a apporté une telle lenteur à la discussion et au vote de ces lois demi-protectrices, que, malgré les avertissements, les supplications de l'agriculture, elle a donné le temps aux étrangers de faire arriver en France un stock considérable de blé. Ces blés n'ont rien payé. Ils approvisionnent aujourd'hui notre marché, et, malgré la bonne récolte de 1885, la misère agricole de notre pays augmente et augmentera.

3° C'est l'approche des élections et le besoin de *paraître* faire quelque chose pour l'agriculture qui ont déterminé votre vote, bien plus que vos convictions.

La preuve c'est que la plupart d'entre vous ont, à une certaine époque, protesté contre ces droits qu'ils ont votés hier. Nous avons entendu notamment les trois députés opportunistes de l'Oise, MM. Levavasseur, Frank-Chauveau et Edouard Robert, déclarer, les uns à une réunion agricole à Creil, le dernier à la Société d'agriculture de Compiègne, être *les adversaires résolus de toute prohibition*, et ajouter *que jamais une Chambre française ne consentirait à imposer les blés étrangers*. Et pourquoi donc ? leur demanda-t-on.

« Parce que, répondit M. Franck-Chauveau, une mesure de ce genre serait dangereuse au *point de vue politique...* »

Vous le voyez, le parfait député opportuniste ne se préoccupe que d'une chose dans ses votes : la *politique*.

L'agriculture réclame une mesure utile, indispensable. On la lui refuse parce qu'elle

est dangereuse au point de vue politique.
Périsse plutôt l'agriculture que la politique
de M. Tirard !

Eh bien! l'agriculture en a assez de toutes
ces palinodies! Elle veut vivre, elle veut
faire vivre le pays. Or, votre politique la
mine et la tue.

Un ministre de Louis-Philippe a dit :
« Faites-moi de la bonne politique et nous
vous ferons de bonnes finances. »

Et nous, nous disons : Faites-nous de la
bonne politique et nous vous ferons de la
bonne agriculture !

Nous connaissons maintenant nos vrais
amis et nous les connaissons non d'après de
vaines paroles, mais d'après leurs actes. Ils
ont toujours défendu nos intérêts, alors qu'ils
étaient la minorité dans cette Chambre de
malheur; jamais ils ne nous ont trahis pour
de misérables questions de politique admi-
nistrative. *Les affaires avant tout* ; tel est
leur programme, c'est aussi le nôtre. A eux
notre confiance !

Réactionnaires ! soit. Mais c'est précisé-
ment pour cela que nous allons à eux.

Quand mon cheval est emporté et que, dans sa course trop rapide, il m'entraîne vers un précipice où je trouverai la mort, je me cramponne aux rênes, je tire de toutes mes forces et j'essaie de l'arrêter, de le faire *reculer*.

La politique de gauche nous mène aux abîmes.

A nos pieds est le gouffre du déficit, de la banqueroute, de la guerre, de la ruine !

Nous laisserons-nous précipiter dans ce gouffre, alors qu'il est temps encore de reculer et de reprendre le bon chemin ?

Bons citoyens, volons au secours de notre chère patrie. Réunissons nos efforts, et nous la sauverons.

Vive la France !

Paris, — Imp, P. Mouillot, 13, quai Voltaire. — 60172.

PARIS. — IMP. P. MOUILLOT, 13, QUAI VOLTAIRE. — 60172